DOMINIQUE DE SAINT MARS / SERGE BLOCH

LE PETIT LIVRE
POUR DIRE
NON
À LA VIOLENCE

Ecole Ste Marie
60 rue Prieur, C.P. 130
Field On P0H 1M0

BAYARD POCHE / ASTRAPI

Petit avertissement

Ce livre pour dire **NON** n'est pas fait
pour que tu te laisses marcher
sur les pieds, mais pour
que tu comprennes d'où vient la violence
et que tu essaies de te défendre autrement.

**On a le droit de se battre
pour se défendre, pour se mesurer
ou s'amuser, c'est l'énergie, c'est la vie !
Mais, parfois, on va trop loin,
on ne se contrôle plus, on fait mal,
on casse… ça n'est plus drôle du tout !**

Ça, c'est de la violence.

La violence existe depuis
TOUJOURS

Nos ancêtres de la préhistoire
se battaient contre la nature,
contre les animaux pour survivre,
et entre eux pour conquérir
et pour défendre ce qu'ils possédaient.

Aujourd'hui encore,
IL Y A DE LA VIOLENCE DANS LE MONDE

La violence, ça commence
TOUT PETIT...

Les bébés ne savent pas
ce qu'ils ont le droit de faire.
Ils sont violents
si on leur répond violemment.

Les bébés deviennent agressifs
quand ils ont peur
ou quand on leur prend
ce qu'ils ont.

Ils ont des tas d'envies,
mais ils ne savent pas les exprimer
avec des mots.
Alors, ils tapent, ils crient…

En grandissant et en jouant,
les petits apprennent
à contrôler leurs gestes,
à parler, donc à vivre avec les autres.

Pourtant, même quand on est grand, on se cogne encore aux autres...

Voilà des situations
où tu peux détester les autres
et devenir violent avec eux
ou avec toi-même !

Je deviens violent
QUAND ON M'ATTAQUE

Pourquoi ne pas se défendre ?
On n'a pas envie de se laisser faire,
d'avoir mal, de se faire prendre ce qu'on a.
Si on ne réfléchit pas, on répond
à la violence par la violence.

Je deviens violent
QUAND ON DÉCIDE
DE TOUT À MA PLACE

Jamais assez de temps pour jouer !
Tout le temps être forcé
de se dépêcher ou de se calmer !
On ne se sent jamais le chef de sa vie.
Et quand on est trop stressé,
on explose !

Je deviens violent
QUAND ON ME MANQUE DE RESPECT

C'est pas juste ! On est sûr d'avoir raison, mais pas moyen qu'on nous croie ou qu'on reconnaisse nos efforts. Alors, on ne se sent pas respecté et on n'a plus envie de respecter rien ni personne !

Je deviens violent
PARCE QUE JE NE SUPPORTE PAS D'OBÉIR

Quand les parents ne disent jamais non
et ne disent pas ce qui est interdit,
c'est dur d'obéir à des règles.
Et quand on n'a pas tout ce qu'on veut
tout de suite, on cherche la bagarre !

Je deviens violent
QUAND ON SE MOQUE DE MOI

Quand on se fait traiter de nain,
de moche, de nul,
ça fait perdre la confiance en soi.
On se sent minable de ne pas réussir.
Mais pas question de protester,
on serait encore plus ridicule.
Alors on se venge de ces moqueries
qui font si mal.

Je deviens violent
QUAND JE ME SENS COUPABLE

Quand les parents font tout le temps des reproches, on pense qu'on ne leur fait pas plaisir. Et s'ils sont énervés, on croit que c'est de sa faute. Facile alors de se détester ou de détester tout le monde !

Je deviens violent
QUAND JE SUIS JALOUX

Quel supplice d'être jaloux !
Surtout si on n'ose pas le dire.
Souffrir d'avoir moins d'amour,
de jouets, d'amitié que les autres,
se sentir de trop...
La jalousie est un volcan brûlant
prêt à exploser !

Je deviens violent
QUAND JE NE SAIS PAS COMMENT DIRE

Dur de trouver ses mots
quand on est étranglé par la colère
ou par la peur !
Comme on n'arrive pas à s'expliquer
sur ses sentiments, on se met à crier
et à menacer.

Je deviens violent
QUAND JE ME SENS REJETÉ

Il suffit d'un rien pour sentir
qu'on est différent,
que les autres pensent du mal de soi,
ou que sa famille est rejetée.
C'est dur d'être exclu d'un groupe,
on se sent un loup solitaire, prêt à mordre
pour montrer qu'on existe !

Je deviens violent
QUAND JE FAIS COMME À LA TÉLÉ

Vingt morts par heure à la télé !
On oublie que, dans la réalité, c'est grave,
et on prend l'habitude de ne pas réagir.
Après, on a envie d'imiter
les héros violents et d'apporter des armes
à l'école, ou la nuit,
on fait des cauchemars !

Je deviens violent
QUAND MES PARENTS NE SONT PAS ASSEZ LÀ

Quand on est souvent seul,
un peu oublié par des parents soucieux
qui n'ont pas le temps pour les câlins
ou les compliments, on a envie
de tout casser pour attirer leur attention.
Ou de cacher cette violence
au fond de soi en étant triste.

Je deviens violent
QUAND MES PARENTS ME BATTENT

Les parents sont parfois violents
quand ils ne savent pas exprimer
autrement leurs problèmes
ou qu'ils ont été eux-mêmes maltraités.
On leur en veut,
mais on ne peut pas leur rendre.
Alors on se venge sur d'autres.
On fait comme eux, quoi !

Tu as compris
que la violence
qu'on donne, c'est souvent
la violence qu'on a reçue…

**La violence, ça rend seul,
ça enferme
comme une prison.**

Insulter ou taper
les enfants comme les adultes,
c'est pire que taper sur les murs.

On se fait mal aux poings
et, en plus, on fabrique
de l'envie de vengeance !

**Voici les conseils
pour en sortir…
et dire NON à la violence !**

Tout commence par le respect des petits comme des adultes

Choisis un moment calme pour **parler** de la violence qui te fait souffrir…

… à tes parents.   … à ta maîtresse.

… au conseil des enfants en classe.

En cas d'agression

Demande conseil à un copain ou à un grand.
Ne crois pas que tu es seul à souffrir.
L'union fait la force.

Détourne l'attention, fais rire,
un petit mot rigolo
peut éviter de gros bobos !

Montre que tu n'as pas peur
en restant calme,
l'autre a peut-être aussi peur que toi.
Dernière solution : **fuis** à toute allure !

En cas de dispute

Réfléchis, essaie de savoir pourquoi
tu te disputes, si ça en vaut la peine,
s'il n'y a pas un malentendu.

Négocie, cède un peu, même
si c'est dur pour l'orgueil.

Écoute et essaie de te mettre
à la place de l'autre.

Ne vexe pas ton adversaire.
Il perdra confiance en lui
et n'acceptera pas de céder
si tu ne le respectes pas.

**Si vous n'arrivez pas
à vous mettre d'accord...**

Trouve un médiateur, enfant ou adulte,
qui peut vous aider à vous expliquer
et à trouver une solution. Tu deviendras
peut-être un jour toi-même un médiateur.

Dans tous les cas...

Parle à un adulte, parent, professeur,
directeur, commerçant, etc.
Il doit te protéger :
la violence des enfants et des adultes
est interdite par la loi.

La justice existe pour empêcher
la vengeance personnelle
et obliger l'agresseur
à réparer le mal qu'il a fait.

Et puis...

Fais du sport,
pour jouer
avec des règles
et pour te défouler.

Dessine,
fais de la musique
ou du théâtre pour
dire ce que tu sens.

Mange et bois assez.
Avoir faim
ou soif, ça énerve.

Dors assez !
C'est bon
pour l'équilibre !

Jouer, rire, chanter...
ça calme !

Alors, face à la violence, qu'est-ce que tu choisis ?

**Tu la laisses te mener
par le bout du nez,
tu la subis ou tu la rends.
Et tu es piégé !**

**Tu la commandes
et tu t'entends bien
avec les autres.
Tu es le plus fort !**

*Merci à Renaud de Saint Mars pour sa collaboration,
ainsi qu'à Guy Boubault
et l'association Non-Violence Actualité,
et à l'école de la Pommeraie de Chambéry-le-Haut
pour leurs recherches.*

© Bayard Éditions /Astrapi, 1998
Bayard Éditions est une marque
du département Livre de Bayard Presse
ISBN : 2 227 745 029
Dépôt légal : septembre 1998 - n° d'éditeur : 4089
Loi 49956 du 16 juillet 1949
sur les publications destinées à la jeunesse